一个有希望的民族不能没有英雄
一个有前途的国家不能没有先锋

国魂

——『两弹一星』功勋人物的故事

李晨　索焱　王娓／图

韩长林　郑慧／文

以身许国的奋斗人生　　　秘密历程的传奇故事　　　震撼人心的不朽精神

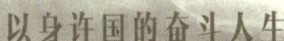

五洲传播出版社

编委会

顾　问：贺剑锋

编委会主任：韩长林

副主任：李　晨　张松川　冯小平　张　义　赵　军

主　编：苏晋川

副主编：张黎明

编　委：陈　荣　张　沣　郑　慧　索　焱　王　娓　刘学森

前　言

　　近代中国，在长达 100 多年的时间里，多次受到外国列强的侵略，中华民族陷入深重苦难之中。这段铭心难忘的屈辱历史，让中国人民深刻体会到一个道理：落后就要挨打！

　　经过艰苦努力和卓绝奋斗，1964 年 10 月 16 日，中国成功爆炸了第一颗原子弹。此后，仅用两年零八个月时间，中国又于 1967 年 6 月 17 日成功爆炸了第一颗氢弹，创造了非凡的人间奇迹。"两弹"突破的伟大壮举，充分显示了中华民族的创造能力，极大鼓舞了中国人民的志气，振奋了中华民族的精神，奠定了中国的大国地位，为国家安全提供了坚强保障。

　　中国研制核武器，是在核威胁核讹诈的背景下为了生存和发展作出的历史性抉择，是在一穷二白的基础上艰难起步的，是完全依靠中国自己的科学家，在全国人民大力协同下自力更生进行的。于敏、王淦昌、邓稼先、郭永怀等就是这个群体的优秀代表。他们胸怀强烈的报国之志，承载着一代人的历史担当，把个人理想、志向与祖国的命运、民族的振兴紧紧联系在一起。他们中许多人放弃了国外优厚的条件，义无反顾回到祖国，与参与研制工作的干部、工人、解放军指战员一起，为国家强盛隐姓埋名、以身许国、无私奉献、顽强拼搏、鞠躬尽瘁，有的甚至献出了宝贵的生命。他们为国奋斗的人生轨迹，留下一曲"不见英雄"的深情壮歌、一篇昭示后人的巨著力作、一条气势恢宏的报国之路。

　　古往今来，人们总是对那些在历史上建立了丰功伟业的英雄们充满敬仰，深切缅怀，热情歌颂，以此励志，继续走向未来。那些为"两弹一星"伟业作出突出贡献的功勋们，是民族的英雄、时代的楷模、人民的骄傲。在中国人民满怀豪情实现中华民族伟大复兴的新时代，我们更需要把他们作为学习的榜样，弘扬伟大的"两弹一星"精神，为祖国强盛和人民幸福不懈努力奋斗！

2022 年 8 月

目　录

于敏(1926年8月16日—2019年1月16日)，河北省宁河县(今天津市宁河区)人，中共党员，著名理论物理学家，中国科学院院士。

于敏是我国核武器研究和国防高技术发展的杰出领军人物之一，他在我国氢弹原理突破中解决了一系列基础问题，提出了从原理、材料到构形基本完整的设想，对氢弹的研发起了关键作用。于敏长期领导并参加核武器理论研究、设计，解决了大量关键性的理论问题，对我国核武器进一步发展作出了重要贡献。从20世纪70年代起，在倡导、推动若干高科技项目研究中，于敏也发挥了重要作用。

于敏1982年获国家自然科学奖一等奖，1985年、1987年和1989年三次获国家科技进步奖特等奖，1985年获全国"五一劳动奖章"，1987年获全国劳动模范称号，1992年获光华奖特等奖，1994年获求是基金杰出科学家奖，1999年获得"两弹一星"功勋奖章，2015年获2014年度国家最高科学技术奖和"第五届全国敬业奉献模范"称号，2018年被授予"改革先锋"称号和"国防科技事业改革发展的重要推动者"称号，2019年被授予"共和国勋章"。

2015年，于敏入选"感动中国2014年度十大人物"。颁奖词这样评价："离乱中寻觅一张安静的书桌，未曾向洋已经砺就了锋锷。受命之日，寝不安席，当年吴钩，申城淬火，十月出塞，大器初成。一句嘱托，许下了一生；一声巨响，惊诧了世界；一个名字，荡涤了人心。"

一个人的名字，早晚是要没有的。能够把自己微薄的力量融进建设祖国的强盛之中，便是以自慰了。

——于敏

　　1926年8月16日，于敏出生在河北省宁河县（今天津市宁河区）一个书香世家。宁河县历史悠久、物阜民丰、人杰地灵，自古以来就是连接华北、东北的交通枢纽，也是历代海防重地，为兵家必争之地。到了近代，这里被军阀混战导致宁河民不聊生。在这里，于敏度过了动荡不安的童年。

　　1937 年 7 月 7 日，日本帝国主义制造了震惊中外的"卢沟桥事变"，发动全面侵华战争。多难兴邦，匹夫有责。面对国穷民弱的现实，11 岁的于敏心中萌发了科学救国的理想。他想：只有努力奋斗，学好本领，才能救国于水深火热之中。从此，他埋头读书，一心向学，孜孜以求。

　　1949 年，于敏从北京大学物理系毕业后，继续攻读研究生并兼任助教。10 月 1 日，因伤寒病住院的于敏在病床上听到了毛泽东主席在天安门城楼上发出的庄严宣告："中华人民共和国中央人民政府成立了！"那一刻，他感慨万千，激动不已，决心尽快养好病，投身到新中国的建设热潮中去，为新中国的科学事业贡献力量。

　　刚刚诞生的中华人民共和国面临着严峻的形势。一方面，人民政权接收的是旧中国遗留下来的烂摊子，经济和技术十分落后，百废待兴；另一方面，以美国为首的西方势力除了在经济和技术上对新中国实行全面封锁外，还在军事上严重威胁着新中国的安全。发展核科学技术、建设核工业的任务，被提上了新中国建设的日程。在这种形势下，近代物理研究所应运而生，且拥有吴有训、赵忠尧、彭桓武、钱三强、何泽慧等著名科学家。

　　1951年，25岁的于敏被调到中科院近代物理研究所工作。这里集中了当时中国核领域的所有顶尖人才，于敏是中国自己培养出来的物理学家，跟很多为国铸盾的功勋科学家比起来，他没有在西方名校留过学，没有喝过一滴洋墨水，但却有着惊人的创造能力和学习能力，发表了多篇在国际上有重要影响的论文。

新中国成立之初，我国核物理理论研究几乎是一片空白。为了尽快打开局面，研究所成立了原子核理论组，彭桓武决定从调研入手，首先了解国际上核物理研究的进展情况，挑选文献资料供大家调研学习。于敏一头扎进了文献堆里，几乎阅读了全部文献，又仔细钻研了费米的名著《原子核物理》，并开始进一步深入学习群论理论。

　　1953年，于敏递交了一份完整的调研报告：报告中对原子核模型、轻原子核能极大裂变、中子反应、β放射现象、γ放射现象都有深入而系统的认识。他还与胡宁合作，在《物理学报》上发表了两篇论文：《β衰变理论》和《关于介子理论里S方阵之进一步的研讨》。对于敏表现出来的钻研精神和学习能力，彭桓武赞赏有加。这次调研以后，彭桓武就把原子核理论研究任务交给了于敏和邓稼先。

　　1953年后，原子核理论组的研究人员发生了较大的变化，原子核理论研究的工作主要落在了于敏的肩上。那时，于敏成天想的都是如何尽快将原子核研究工作有效地开展起来。每个星期，他都要到图书馆翻阅有关杂志，精读相关文献，了解相关理论研究和实验研究的进展情况。

　　1956 年，30 岁的于敏担负起了原子核理论组组长的重任，同时晋升为副研究员，并在原子核理论研究界开始崭露头角。1957 年，于敏在《物理学报》上发表《关于 Pb208 附近一些原子核的能级》。1959 年，他发表《关于重原子核的壳结构理论》。1962 年，曾获诺贝尔物理学奖的丹麦物理学家尼尔斯·亨利克·戴维·玻尔（Niels Henrik David Bohr）来北京访问，亲自邀请于敏到哥本哈根去工作，被于敏婉言谢绝。事后，玻尔对人说："于敏是一个出类拔萃的人。"

　　为了支持于敏的事业，妻子孙玉芹随丈夫调入原子能研究所做行政工作。除了上班，她的主要精力和时间都用在了操持家务、照顾丈夫上。她始终觉得，把家里的一切料理好，就是对于敏工作的最大支持。为了让于敏在紧张的工作之余能够放松心情，孙玉芹有时也会安排他做些力所能及的事情，但就是一些小事，也往往让她哭笑不得：一次，于敏拿着破了的袋子去食堂买包子，结果是"竹篮打水一场空"，包子漏了一地。

　　1959年下半年，我国原子能工业建设和原子弹研制工作从接受苏联援助转向全面自力更生。1960年深秋，在钱三强主持下，原子能研究所第四研究室增设了一个从事理论研究工作的机构——"轻核反应装置理论探索组"。1961年1月12日，钱三强把于敏叫到办公室严肃地说："经所里研究，并报请上级批准，决定让你作为副组长领导和参加氢弹理论的预先研究工作。"

　　34岁的于敏带领原子核理论研究小组处在有可能取得重大成果的关键时刻，钱三强的谈话，意味着他又一次面临"转行"，而且是从自己喜爱的理论研究转入应用研究，从开放的基础研究转入绝密的国家任务，也意味着他将在可预期的黄金研究岁月中隐姓埋名。当时的中国遭遇严重的经济困难，苏联撤走专家，要自力更生继续搞原子弹、氢弹，这显然是一个非常艰巨的战略性的历史任务。为了祖国需要，他觉得自己不能有别的选择，于是欣然接受了任务。

　　历史赋予的使命改变了于敏的人生轨迹，他全身心投入氢弹理论的预先研究工作中。由于没有理论依据，没有技术支持，科研小组的研究工作举步维艰，于敏面临着前所未有的挑战。他常常夜以继日地工作，有时睡到半途突然兴奋地一跃而起，外衣也顾不得穿，走到小桌子旁奋笔疾书，一直到天亮。每到这种时候，妻子孙玉芹总是默默陪伴在身边，给他披上外衣，将一杯温水轻轻地放在他的桌旁。

于敏和孙玉芹育有一儿一女，儿子于辛，女儿于元。在子女儿时的记忆里，爸爸经常在外，老见不着面，也不像其他孩子的爸爸一样，带他们去逛公园、做游戏，更没有时间给他们辅导功课。无论是下班回家，还是节假日，爸爸总是关在房间里忙自己的事情。平时，常有人到家里找他商量事情，爸爸也会将房门紧闭。

　　在最艰难的研究岁月里，作为科研小组的带头人，于敏承担着突破氢弹理论研究的压力。为了在这张白纸上找到属于中国的独立自主研制氢弹的道路，紧皱眉头成为于敏脸上常出现的表情。1965年1月，于敏出任核武器研究院理论部副主任，他与邓稼先、周光召、黄祖洽等其他部门主任带领科研人员分兵作战、多路探索，推动氢弹研究工作进入攻坚阶段。

　　1965 年 9 月至 12 月，39 岁的于敏带领科研团队来到上海，利用华东计算技术研究所的 J501 计算机 (运算速度为每秒 5 万次)，完成了加强型核装置的优化设计任务，这就是中国核武器研究史上著名的"百日会战"。在攻坚战中，于敏亲力亲为、以身作则，他开办系列讲座，分析不同的模型，同科研人员一起探讨，经常半跪在地上分析堆积如山的计算纸带。在一百多个日日夜夜里，每当计算机吐出纸带的时候，于敏便紧紧盯着上面的数据，盯着物理量的变化，生怕漏掉一丁点儿有用的信息。

　　于敏带着奋战了一百多个日日夜夜的丰硕成果从上海回到北京，向理论部的研究人员和上级领导作了多次学术报告。在于敏的带领下，经过艰苦奋战，研究小组终于掌握了氢弹原理，形成了一套从原理、材料到构型基本完整的物理方案，抓住了氢弹理论设计的"牛鼻子"。1965 年 12 月，在青海核武器研制基地，二机部副部长刘西尧听取邓稼先、于敏专题汇报后，决定采用新的氢弹理论方案。

　　1966 年隆冬，一辆辆解放牌大卡车，翻过连绵起伏的天山山脉，行驶在坎坷不平的"搓板路"上，把参试人员、物资、设备从四面八方汇集于新疆核试验基地。于敏和周光召带领理论部的参试人员，也赶赴试验现场。12 月 21 日，氢弹装置部件空运到核试验场区。

　　试验前的一天，为了确保某个重要测试项目拿到数据，有一个地方还要用屏蔽物挡一下。核试验基地的物理学家程开甲跑到了于敏睡觉的帐篷，把于敏叫了出去。两人冒着戈壁滩零下三四十度的严寒，一起爬上 102 米高的铁塔，亲自动手，将屏蔽物布设妥当。这样高的铁塔，无风也会摇摆，两位科学家对事业高度的责任心，让他们忘记了危险。

　　1966 年 12 月 28 日，试验场区晴空如洗。在聂荣臻元帅亲自主持下，我国用塔爆方式成功进行了首次氢弹原理试验。于敏从护目镜中看到了氢弹装置爆炸瞬间明亮的闪光。闪光过后，半球形的火球膨胀上升，变成棕褐色蘑菇状烟云，发出了春雷般的巨大爆炸声。从核爆炸景象上判断，爆炸威力同于敏计算的结果基本一致。那天，于敏没有流泪，也没有彻夜不眠。自从开始研制氢弹的工作后，一直依靠安眠药入睡的于敏终于睡了踏实的一觉。

　　1967 年 6 月 17 日上午 8 时 20 分，随着一声惊天动地的轰响，氢弹在预定高度爆炸。我国第一颗氢弹爆炸成功了！罗布泊的巨响，犹如春雷，给万古沉寂的戈壁滩带来无限的生机。当全国人民沉浸在胜利的喜悦中时，于敏作为氢弹突破的重要功臣，此时并没有在试验现场，而是在北京的书房转向了新的研究任务。

这里是于敏居住的地方，一张床、一张老旧的书桌、一台老旧的电视机，家具和装潢依然保留着20世纪80年代的样子。回顾过去的岁月，于敏说："亏欠妻儿太多。"于敏说他想补偿，却来不及了。妻子去世之后，他经常在房间里反反复复地翻看妻子的照片。他想告诉妻子，这一生"唯将终夜长开眼，报答平生未展眉"。于敏对家人的挚爱，就像他对事业一样，虽然沉默无形，鲜有豪言壮语，却真实而温暖。

于敏年轻时身先士卒，隐姓埋名为国铸盾，晚年仍旧兢兢业业，致力于为国培养人才。1994年，于敏获得了求是杰出科学家奖，奖金100万元，他用奖金设立了科学奖励基金，鼓励年轻人进取。1999年，于敏被中共中央、国务院、中央军委授予"两弹一星"功勋奖章。2015年，于敏获得2014年度国家最高科学技术奖。2018年，于敏被授予"改革先锋"称号。2019年，于敏被授予"共和国勋章"。

　　"博学之、审问之、慎思之、明辨之、笃行之"，是于敏一生的真实写照。晚年的于敏，尽管已经从科研一线退下来了，但仍然担任中国工程物理研究院高级科学顾问。这时的于敏似乎更忙了，军队、科学院、核工业方面的人员经常带着各种问题来到他的寓所，跟他讨论，向他请教。他十分关注学术领域的前沿动态，经常开出一些单子，让家人从互联网上为他寻找资料。他常说，自己还有很多东西要学，要跟上国际学术前沿发展的节奏。2019 年 1 月 16 日，于敏走完了他辉煌而又宁静的一生。他的卓越功绩和崇高风范，以及为祖国强盛奉献的一生始终为人们所敬仰。

王淦昌（1907年5月28日—1998年12月10日），江苏省常熟市人，中共党员，著名核物理学家，中国科学院院士。

　　王淦昌1929年毕业于清华大学物理系，1930年赴德国柏林大学留学，1933年获得博士学位。1934年回国，曾任山东大学、浙江大学物理系教授，1950年5月以后历任中国科学院近代物理研究所研究员、副所长，苏联杜布纳联合原子核研究所副所长。从1961年4月起，历任二机部第九研究所（九院前身）副所长、第九研究院副院长，二机部副部长兼原子能研究所所长，核工业部科技委副主任，核工业部科学顾问，中国工程物理研究院高级科学顾问等职。

　　王淦昌是我国核武器研制的主要科学技术领导人之一、核武器研究试验工作的开拓者。他在从事核武器研制期间，指导并参加了我国原子弹、氢弹研制工作。他是原子弹冷试验技术委员会主任委员，指导了我国第一次地下核试验，领导并具体组织了中国第二、三次地下核试验。他主持指导的爆轰物理试验、炸药工艺、近区核爆炸探测、抗电磁干扰、抗核加固技术和激光模拟核爆炸试验等方面都取得了重要成果。王淦昌1982年获国家自然科学奖一等奖两项，1985年获国家科技进步奖特等奖两项，1994年获首届何梁何利基金科学和技术成就奖，1999年获得"两弹一星"功勋奖章。

我愿以身许国！

——王淦昌

    1907年5月28日，王淦昌出生在江苏省常熟县（今常熟市）支塘镇枫塘湾一个中医家庭。父母早逝，他随一位远房亲戚到上海读中学。年仅17岁的王淦昌常常参加爱国游行活动。1925年5月30日，他和同学们在南京路上散发传单，抗议日本帝国主义残杀中国人，竟又遭遇英帝国主义制造的"五卅惨案"。队伍走到英租界，王淦昌被一名印度巡捕抓住，王淦昌义正辞严地用英语批驳巡捕："我的祖国受帝国主义欺凌，你的祖国已经沦为帝国主义殖民地，你当了亡国奴。可是，我还为祖国的命运拼搏，你却为侵略者效劳。"巡捕哑口无言，只好放了他。

　　1925 年，王淦昌考入清华大学。最初，他选择了化学专业。一次，著名实验物理学家叶企孙教授在课堂上提了一个有关伯努利方程的问题，王淦昌很快就给出了答案，这引起了叶先生的重视。叶先生找到王淦昌，了解了他的学习情况，并给予他关怀和鼓励，使王淦昌对实验物理有了比较深入的了解，决心要打开实验物理的大门。

    1929 年 6 月,王淦昌大学毕业,吴有训教授把他留下来当助教。在叶企孙、吴有训两位老师的引导和鼓励下,1930 年王淦昌考取了江苏省官费留学生,赴德国柏林大学威廉皇家化学研究所读研究生,师从著名女核物理学家迈特纳。1931 年,王淦昌在德国就读研究生期间,提出了可能发现中子的实验设想。

  1933 年，26 岁的王淦昌获得博士学位后，便立即准备回国。不少德国科学家劝他留下，王淦昌却对他们说："科学虽然没有国界，但科学家是有祖国的，我的国家正在遭受苦难，我怎能不回去！"

  1934 年 4 月，王淦昌回到灾难深重的祖国，受聘到山东大学物理系任教授，决心以平生所学报效国家。

　　1936 年，受竺可桢校长邀请，王淦昌被聘为浙江大学物理系教授。"七七事变"后，战火逼近杭州，浙江大学西迁至广西宜山。为了开展教学，浙江大学的师生除了借用庙堂外，还临时搭草棚做教室，老师站着讲课，学生站着听课，没有课桌，肩膀上吊一块木板，用来记笔记，晚上趴在床上做习题。

　　王淦昌家境清贫，靠他微薄的工资，一家七口吃饭都成问题，于是家人开荒种地，喂鸡养鸭养羊。王淦昌每天清晨上课的时候都要牵着羊到山坡吃草。有一天晚上，羊独自回去了，他却在图书室翻阅外国期刊，急切了解国外科技发展的情况。在极其艰苦的条件下，王淦昌为了培养核物理学的研究力量，决定开设原子核物理课，教材完全靠他长期积累的资料整理而成。

　　在教学的同时，王淦昌没有停止对中微子的研究。1941 年，他在《关于探测中微子的一个建议》的论文中，提出通过轻原子核俘获 K 壳层电子释放中微子时产生反冲中微子的创造性实验方法。1942 年 1 月，美国《物理评论》发表了这篇文章。1946 年，王淦昌在美国《物理评论》杂志上发表论文，又提出了几种探测中微子的方法。此外，王淦昌还提出了通过裂变检测中微子的全新思路，这是之前科学界从未有人提出过的构想，为中微子的研究打开了全新思路。

新中国成立后，王淦昌收到钱三强夫妇的来信，邀请他到北京中国科学院近代物理研究所任研究员。到研究所工作后，他积极投入宇宙线科研项目中。1954年，他与肖健共同领导筹建位于云南落雪山海拔3185米处的中国第一座高山宇宙线实验室。在他们领导下，高山实验室安装了自行设计建造的磁云雾室，并很快取得了一批研究成果，使我国宇宙线研究进入当时国际先进行列，引起了国外同行的关注。

1956年秋天，王淦昌作为中国的代表，到苏联杜布纳联合原子核研究所担任高级研究员，后来又担任副所长，并亲自领导一个实验小组开展高能实验物理的研究。在这期间，他领导的物理小组首次发现了反西格玛负超子，首次观察到在基本粒子相互作用中产生的带奇异夸克的反粒子，这成为杜布纳联合原子核研究所最重要的科研成果，引起国际学术界的轰动。王淦昌小组的工作受到各国物理学家的赞扬。

　　1960 年底，王淦昌结束了在杜布纳联合原子核研究所的任期回到祖国。临走前，他特地来到中国驻苏联大使馆，慎重地把一个存折当面交给大使，说："请你收下，转交给祖国人民吧！"这是他在这里工作 4 年，节衣缩食积存下来的 14 万卢布。当时，国家面临着各种困难，这笔钱虽然不算多，却是一个科技工作者对祖国的一份心意。

　　1959 年，苏联撕毁协定，撤走专家，中国决定自力更生发展自己的核工业。1961 年 3 月的一天，回国不久的王淦昌接到组织要求他 3 天之内到核武器研究所报到的通知。此时，王淦昌关于奇异粒子的研究正处于巅峰状态，突然之间让他放弃已经取得重要成果的研究工作，去重新开辟一个新的领域，而且要隐姓埋名，这是人生和事业的重大抉择。对此，王淦昌并没有犹豫，当即表示："我愿以身许国！"

因保密需要，王淦昌主动改名为王京，到核武器研究所任副所长，负责物理试验方面的领导工作。爆轰物理试验在离北京不远的地方进行，他和科技人员一起搅拌炸药，指导设计实验元件，指挥安装测试电缆、插雷管等各项工作。两年中，他们做了上千个实验元件的爆轰试验。到1962年底，研究人员基本掌握了内爆的重要手段和实验技术。

1963年春天，王淦昌离开北京，离开自己的家和亲人，来到刚建好的西北核武器研制基地。基地高寒缺氧，气压低，水烧不开，馒头蒸不熟，年轻人走路快了都会喘气。在如此艰苦的条件下，王淦昌坚持深入车间、实验室和试验场，了解情况，指导工作，兴致勃勃地和同志们讨论问题，常常和大家一起工作到深夜。

　　就在这一年，王淦昌到广州开会，陈毅副总理见到他时做了一个握拳的手势，然后猛地展开，风趣地问王淦昌："你那大炮仗什么时候响？"王淦昌满怀信心地答道："再过一年。"陈毅副总理高兴地说："好，有了这个，我这个外交部长腰杆就更硬了。"

　　1964 年 10 月 16 日下午 3 时，沉寂千年的新疆茫茫戈壁滩上，升起了一个巨大的火球，接着是惊天动地的爆炸声。原子弹成功爆炸了！观察点的参试人员叫着，跳着，抱着，互相祝贺，王淦昌流下了激动的热泪。两年零八个月后，1967 年 6 月 17 日，中国第一颗氢弹又爆炸成功了，中国成为世界上从原子弹到氢弹发展最快的国家。人们称王淦昌为"核弹功勋"。他说："这是成千上万科技人员、工人、干部共同努力的结果，我只是其中的一员。"

　　年过六十的王淦昌在严重缺氧的青海高原上废寝忘食、夜以继日地工作，他的身体渐渐支持不住了。同志们对他说："王老，你歇歇，让我们去跑吧！"但他仍坚持要亲自到科研生产第一线去。他说："任务那么紧，项目那么多，有一项赶不上进度，就会影响试验。"他缺氧气喘，实在跑不动了，就在办公室接上氧气袋坚持工作。

1975年,在第二次地下核试验前夕,同志们把准备工作做好了,满有把握地向王淦昌和其他领导作了汇报。王淦昌作为现场技术负责人,坚持要进洞做最后一次检查。当时,洞内回填工作已经开始,许多地方只能爬着进去,而且里面的光线很暗,大家一再说可以保证万无一失,但他还是爬进洞内,一个部件一个部件地查看,仔细询问不放心的问题,直到把每一个试验装置都看完了,才满意地说:"我现在可以放心了。"

早在1964年,王淦昌便独立提出激光聚变研究倡议,并于1965年开始开展相关研究工作。经过多年努力,我国激光聚变研究进入世界先进行列。

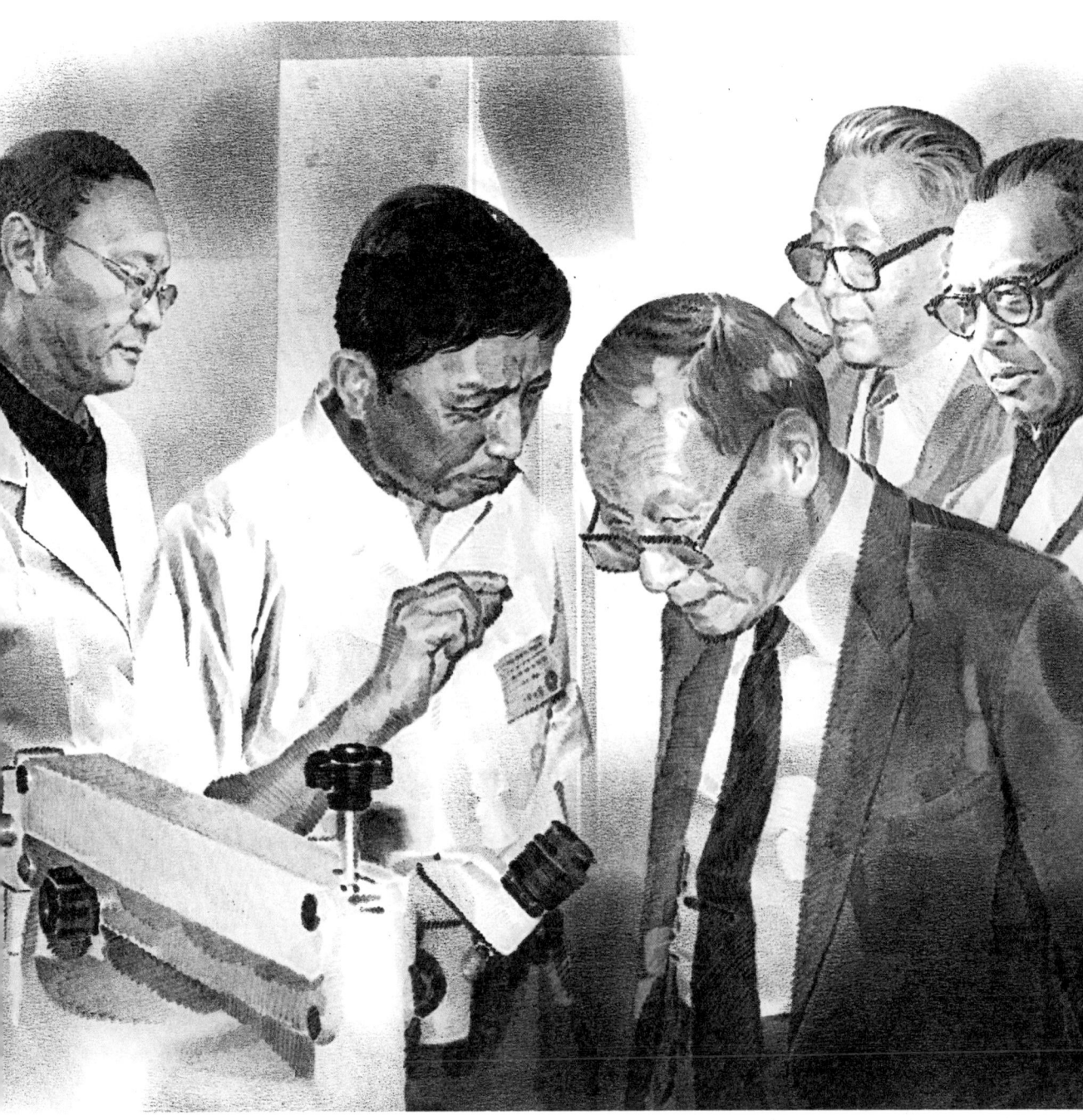

　　1978年，王淦昌回到北京，任二机部副部长兼原子能研究所所长。在他直接领导下，研究所先后开展了强流电子束惯性约束核聚变和氟化氪（KrF）激光惯性约束核聚变的基础性研究工作，为后来的惯性约束聚变研究作出了开创性贡献。1982年，王淦昌因发现反西格玛负超子和核武器研制方面的重大贡献，荣获两项国家自然科学奖一等奖。

　　面对日趋激烈的国际竞争，为争取我国在高技术领域的主动发展，1986 年 3 月 3 日，王淦昌与王大珩、杨嘉墀、陈芳允等四位科学家向中央提出《关于跟踪研究外国战略性高技术发展的建议》。在邓小平的亲自批示和积极支持下，我国于 1986 年 3 月启动实施了"高技术研究发展计划"（863 计划）。

　　1997 年，王淦昌意外骨折，经过 5 个月的治疗，虽然勉强痊愈，但他的身体却每况愈下。即便这样，他一刻也没忘记科研工作，时刻关注着各方面的情况和动态。

1998 年 12 月 10 日，91 岁的王淦昌永远告别了这个世界。他一生心怀祖国，放眼世界，为人类科技事业作出了巨大贡献。1999 年 9 月 18 日，中共中央、国务院、中央军委隆重召开大会，表彰为研制"两弹一星"作出杰出贡献的科学家，王淦昌被追授"两弹一星"功勋奖章。

王淦昌的每一项研究成果，都足以在中国乃至世界科技发展史上留名。祖国因他而自豪，世界科学殿堂因他而增辉。2002 年 10 月，中国工程物理研究院举行王淦昌雕像落成仪式。2003 年 9 月，国家天文台将 1997 年发现的小行星（国际永久编号 14588）正式命名为"王淦昌星"。这颗意义非凡的小行星，在浩瀚宇宙俯瞰着世界，俯瞰着中华大地。

邓稼先(1924年6月25日—1986年7月29日)，安徽省怀宁县人，中共党员，著名核物理学家，中国科学院院士。

邓稼先在原子弹、氢弹研究中，领导开展了爆轰物理、流体力学、状态方程、中子输运等基础理论研究，对原子弹爆炸的物理过程进行了大量模拟计算和分析，领导完成原子弹的理论方案，并参与指导核试验的爆轰模拟试验。从原子弹、氢弹原理突破和试验成功及其武器化，到新一代核武器的重大原理突破和研制试验，邓稼先均作出了重大贡献。1982年，邓稼先获国家自然科学奖一等奖，1984年获"国家有突出贡献中青年专家"称号，1985年获两项国家科技进步奖特等奖，1986年获全国劳动模范称号，1987年和1989年各获一项国家科技进步奖特等奖，1994年获求是基金杰出科学家奖，1999年获得"两弹一星"功勋奖章。

2009年，邓稼先入选"100位新中国成立以来感动中国人物"。颁奖词中这样评价："当大漠的苍茫点缀了蘑菇云的硝烟，当五星红旗升起在联合国的上空。是他，长空铸剑，吼出雄师的愤怒；是他，以身许国，写下山河的颂歌。殷红热血，精忠报国，他是共和国忠诚的奠基人；鞠躬尽瘁，死而后已，他是中华民族不倒的脊梁。"

做好这件事，我这一生就过得很有意义，就是为它死了也值得。

—— 邓稼先

　　1924 年 6 月 25 日，邓稼先出生在安徽怀宁的一个书香世家。1937 年"卢沟桥事变"之后，日军侵占了北平。在此后的全面侵华战争中，侵略者每侵占一座城市，便强令市民和学生游行庆祝。1940 年初，这一天的游行队伍里，在北平志成中学读高中的邓稼先再也无法忍受屈辱，愤怒地将手中的太阳旗撕成两半，并狠狠地踩在脚下。

邓稼先的踏旗义举招来日军到处搜捕，为避杀身之祸，父亲决定让他去四川江津的四叔家，并转学到江津国立第九中学。辗转途中，邓稼先看到日军飞机在空中疯狂呼啸，对中华大地肆意轰炸，他耳边一直回响着临行前父亲的话："稼先啊，一定要学科学，记住，科学才能救国！"

　　1941年秋，邓稼先考入国立西南联合大学物理系。西南联大于1938年4月由长沙迁至昆明，在战火中历经了迁校、建校舍的种种艰辛，克服了物质匮乏的严重困难，并需要随时准备躲避空袭，邓稼先与联大师生共同承受着这一切。此时的联大物理系名师云集，邓稼先倍加珍惜这段求学时光，如饥似渴地汲取着科学知识。1945年抗战胜利，邓稼先也拿到了西南联大的毕业证书。

　　1948年，邓稼先考入美国印第安纳州普渡大学，在物理系读研究生；1950年8月，他获得博士学位。"科学报国"的信念激励邓稼先创造了不到两年便完成学业的奇迹，毕业论文《氘核的光致蜕变》成为当时科学界的热门研究题目。那时的邓稼先可谓前程似锦，导师十分欣赏他的才华，想带他去英国发展，他婉拒导师的邀请后，迫不及待地加入留美回国学者队伍，踏上了"威尔逊总统"号邮轮。此刻，他心中响彻着一个声音：新中国建设在等着我！

　　回国后，邓稼先进入中国科学院近代物理研究所从事原子核理论研究。1953年，他与许鹿希结婚。接下来的几年，平静而温暖的家庭生活让邓稼先毫无后顾之忧，他专注于事业，屡创佳绩。

　　新中国成立初期，美国不断利用原子弹在朝鲜战场、台湾问题上对我国进行核威胁。1955 年，中国被迫作出研制原子弹的战略决策。1957 年 10 月，中国与苏联签订《国防新技术协定》，苏联答应向中国提供原子弹的教学模型和图纸资料，邓稼先成为与苏联方面对接的人选。1958 年 8 月，邓稼先接受了一项意义深远的任务：原子弹理论设计工作。

　　邓稼先深知这个任务的重要性和艰巨性，也知道接受这个任务对他的家庭将会带来什么样的影响。深夜，他对妻子说："我要调动工作了，我的生命将献给未来的工作，这个家以后就靠你了。做好了这件事，我一生就过得有意义，就是为它死了都值得！"许鹿希不知道将要发生什么，她感到了恐慌。但凭着对丈夫的信任和了解，她迅速平静下来。她知道，这一次，丈夫将会全身心地投入，而她将接受这一切，并坚定地支持丈夫！

　　这以后，作为中国研制原子弹理论设计负责人的邓稼先不再在公开场合出现，完全改变了生活方式，除了组织以外，没有人知道他在哪里工作，具体在做什么。在北京郊外的一块农田里抢建科研基地期间，邓稼先组织研究所科技人员挑土、整地、砌墙、修路……在3个月的工程建设中，他参与了每一项劳动，迅速建成了办公楼、原子弹教学模型厅和资料储存室。

　　1960 年初夏，中国决定自力更生，从零开始，自主研发原子弹，邓稼先感到肩上的担子越来越重。当时，研究所的所有人对原子弹的认知是一片空白，邓稼先决定带领大家从基础知识学起，利用工作间隙给年轻人补习专业知识。

　　为了加强原子弹研究的科技力量，国家迅速调集了相关人才。原子能研究所的王淦昌、彭桓武，中科院力学所的郭永怀等科研和工程技术专家被调到核武器研究所。国家又先后调来105名中高级科技专家和大批优秀的大学生充实到研究队伍里。邓稼先积极组织大学生们读书学习，因条件非常困难，好些书都做不到人手一本，他们就手刻蜡版自己油印。在邓稼先的组织下，这些年轻人很快成长起来。

如何确定原子弹理论设计的主攻方向，给邓稼先带来了巨大的压力。他冥思苦想，夜不能寐，经过反复斟酌，最后确定把中子物理、流体物理和高温高压的物质性质三个方面作为主攻的方向，并全面负责这三个方向的研究。1960年4月，邓稼先带领科技人员开始了原子弹的总体力学计算。这个过程极其复杂和枯燥，工作量巨大，他们不得不三班倒、连轴转，算完的稿纸一捆捆放入麻袋，从地板一直堆到了天花板。1960年底，从苏联回国的周光召通过系统分析，推翻了苏联专家给的数据，从理论上论证了邓稼先小组计算的正确性。这次计算结果，被数学家华罗庚评价为"集世界数学难题之大成"的成果。

　　1963 年，经过艰辛奋战，邓稼先领导的原子弹理论设计中的重大难题相继被攻克，终于拿出了原子弹初步理论设计方案。1964 年初，位于青海某地的核武器研制基地基本建成。邓稼先和同事们怀着一腔报国热情离开北京，远迁千里，奔赴基地。各路人马汇聚金银滩，打响了攻克原子弹的"草原大会战"。

  1964年6月6日，全尺寸爆轰模拟试验获得成功，证明了原子弹理论设计的正确性。为了即将到来的胜利，核试验外场选在罗布泊地区，中国自己研制的第一颗原子弹将在这里试爆。

　　1964 年 10 月 16 日，这是一个让中国人扬眉吐气的日子！下午 3 时整，随着倒数计时和起爆命令的响起，大地猛烈震颤，铁塔的顶端突然间升起一个巨大的火球。这颗火球不断上升、翻腾、膨胀，席卷着烟雾，形成了参天的蘑菇云。伴随着一声撕裂天幕的雷鸣般的巨响，现场成千上万的工作人员顿时欢呼雀跃起来。中国第一颗原子弹爆炸成功了！邓稼先望着眼前的一切激动不已，滚烫的眼泪夺眶而出。这一刻，他感到所有的付出、所有的艰辛都是值得的。当天晚上，《人民日报》发出了号外。人们走向街头，欢呼庆祝，到处都洋溢着自豪和喜悦。中国人知道，有了自己的核盾牌，曾经深受苦难的祖国受人欺负的日子一去不复返了。

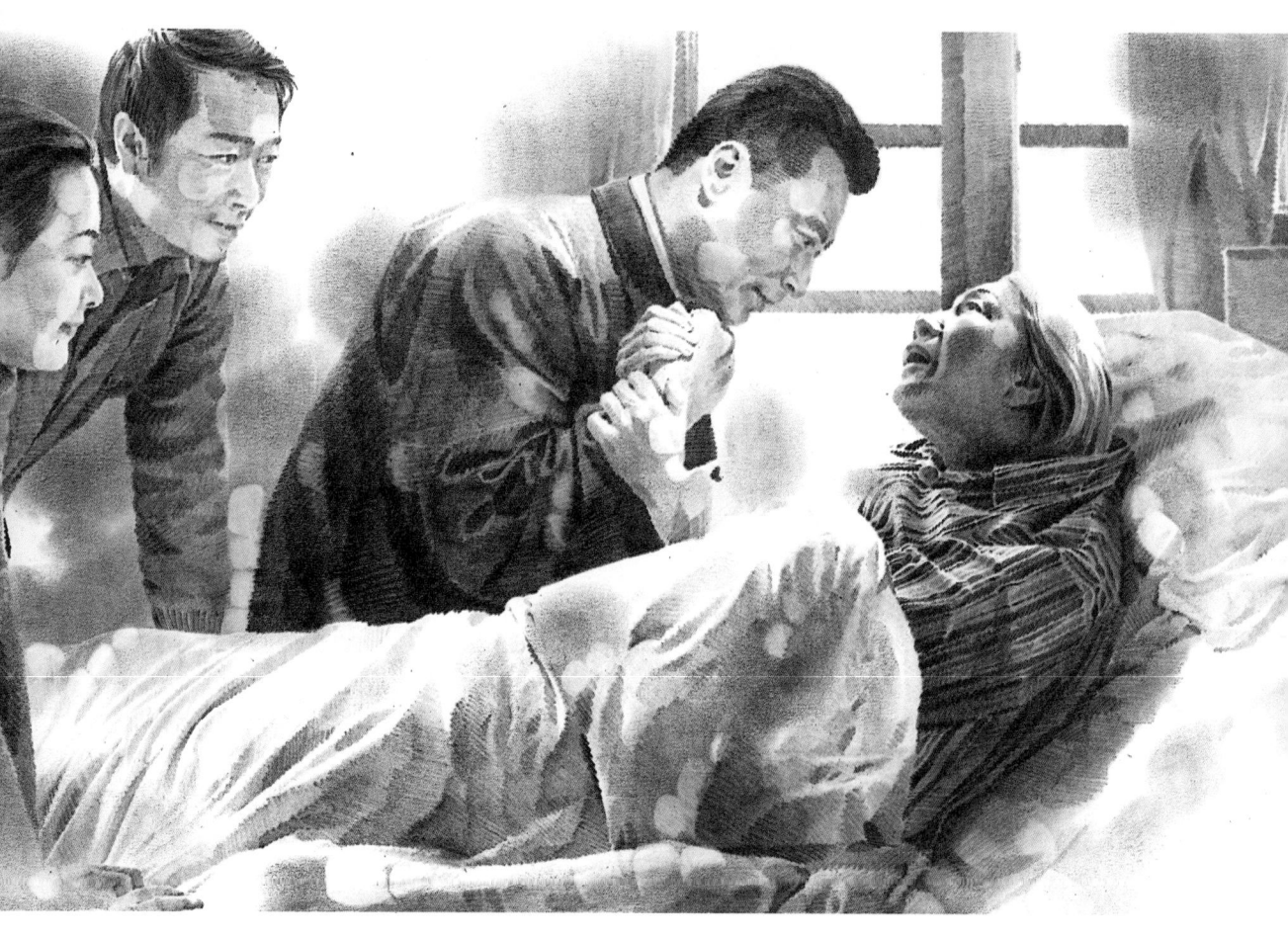

　　原子弹爆炸成功后的一天,邓稼先和同事正在分析处理试验数据,九院党委副书记习筠寿神情急切地找到他,递给他一张回北京的机票,并告诉他:"你母亲病危。"邓稼先赶到母亲病床前时,年迈的母亲已经不能说话了。邓稼先不停地喊着母亲,紧紧握着母亲的手。这么多年,他一直是母亲的骄傲,他多么想再跟母亲说说话,多么想给母亲讲讲他的努力,以及为祖国作出的贡献!母亲微微睁开眼看着他,神情安详,似乎听懂了他的心声,目光中透出一丝欣慰,然后永远闭上了眼睛。

　　收藏起对母亲的怀念，邓稼先领导理论部的科学家们又开始了新一轮夜以继日的攻关。在他的主持下，科技人员兵分三路，分头摸索氢弹原理。在强烈爱国心的激励下，邓稼先他们不顾一切地紧张忙碌着，研制氢弹的工作取得节节进展。1967 年 6 月 17 日，我国第一颗氢弹在罗布泊上空爆炸成功！

1979 年，在新疆进行的一次核试验发生了事故。飞机空投时，延缓弹体降速的降落伞未打开，核弹直接从空中重重地摔到了地面上。核弹没有爆炸，情况不明，这可能会引起严重的后果。指挥部立即派出 100 多名防化兵深入戈壁滩寻找。然而，核弹的踪迹却始终没有被发现。邓稼先清楚，核弹中放射性的钚 1 克就足以毒死 100 万只鸽子。在万分紧急的情况下，他不顾基地司令员的劝阻，决定亲自去找！此时，没有枪炮声，但脚下的每一寸土地，却都存在致命的危险！

　　事故现场终于被找到了。未爆炸的核弹已经摔碎，砸出一个大坑，碎片散落一地。接近现场，邓稼先大声喊住同事，自己却不顾一切地冲向危险区。排查完事故原因，他拖着疲惫的身躯返回吉普车，只说了一句："平安无事。"大家心情沉重地看着从辐射核心区归来的邓稼先——他已经受过多次辐射伤害，但这一次可能是致命的。

　　长年累月的工作，使邓稼先的身体每况愈下。医生劝他疗养，但他因为手头还有大量的工作，拒绝了医生的建议，又回到地处四川深山的研制基地，每天都争分夺秒地工作，想抓紧时间把新型核武器拿到手。

　　1984年底，邓稼先组织并指挥了他生命中最后一次核试验。这是一次突破新原理的试验。试验非常成功，中子顺利实现了点火和燃烧！继原子弹和氢弹突破后，这是邓稼先一生事业上的第三个里程碑！试验结束后，他告别罗布泊，回到了四川基地。

1985 年 7 月，邓稼先体检出中晚期直肠癌，医院立即给他进行了手术。在术后住院期间，邓稼先只要病情稍好，就坚持工作，病房几乎成了办公室、会议室。邓稼先心里清楚，他必须利用生命最后的时间，完成一个最后的使命——向上级提交一份我国核武器未来发展的建议书。他不止一次地对妻子说："我必须写完那份建议书！"在妻子的细心陪护下，他边治疗边看材料，全然不顾病痛的折磨。

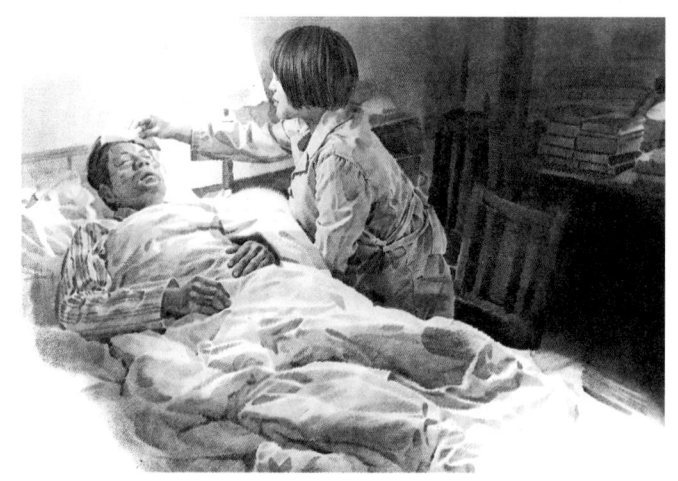

　　1986 年 4 月，一份关于我国核武器发展的极为重要的建议书终于完成了。在让妻子许鹿希将建议书送走时，他说："它比我们的生命更重要。"历史的发展完全证明了邓稼先的预见，建议书对我国 1986—1996 年这十年的核武器研制起到了十分重要的指导作用。邓稼先以对国家无限的忠诚和高度的责任感，完成了自己生命的"绝唱"。

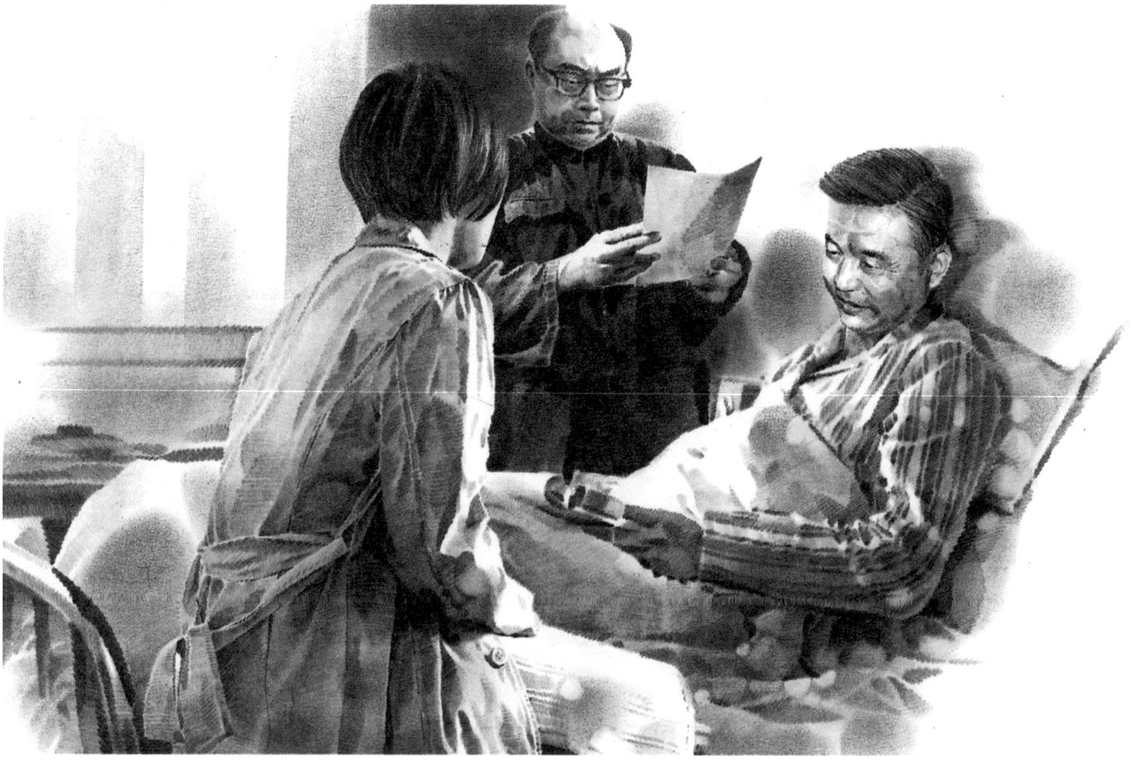

　　在生命的最后日子里，邓稼先提出要到天安门看一看。站在天安门广场上，邓稼先深情凝视着眼前巍峨的天安门城楼，他的身后是庄严的人民英雄纪念碑。1986 年 7 月 29 日，邓稼先与世长辞，年仅 62 岁。他的临终遗言只有四个字：死而无憾！1999 年 9 月 18 日，党中央、国务院、中央军委追授邓稼先"两弹一星"功勋奖章。

郭永怀（1909年4月4日—1968年12月5日），山东省荣成市人，中共党员，著名力学家、应用数学家、空气动力学家、中国科学院院士。

郭永怀1935年毕业于北京大学物理系，1940年赴加拿大多伦多大学应用数学系留学并获硕士学位，1941年到美国加利福尼亚州理工学院研究可压缩流体力学，1945年获博士学位后留校任研究员，1946年到美国康奈尔大学工作，先后任副教授、教授。1956年回国，历任中国科学院力学研究所副所长，中国力学学会副理事长，二机部第九研究所（九院前身）副所长、九院副院长等职。

郭永怀长期从事航空工程研究，发现了"上临界马赫数"，发展了奇异摄动理论中的变形坐标法，即国际上公认的PLK方法，倡导开展了我国的高超声速流、电磁流体力学、爆炸力学的研究，培养了一批优秀的力学人才。他担负国防科学研究的业务领导工作，为发展核弹、导弹、卫星事业作出了重要贡献。在我国原子弹、氢弹的研制工作中，领导了爆轰力学、高压物态方程、空气动力学、飞行力学、结构力学和武器环境实验科学等研究工作，解决了许多重大关键性技术难题，为发展我国的核武器事业作出了重大贡献。

1968年12月5日，因飞机失事以身殉国。同年12月25日，郭永怀被追认为革命烈士，是"两弹一星"元勋中唯一获得"烈士"称号的科学家。1985年，郭永怀获国家科技进步奖特等奖一项，1999年获得"两弹一星"功勋奖章。

我作为一个中国人，有责任回到祖国，和人民在一起，共同建设我们的美丽山河。

—— 郭永怀

    1968年12月5日，晨曦初露，突然一声巨响，首都机场附近冒出一团巨大的火球和浓浓黑烟。一架小型飞机一头扎在了庄稼地里，惊醒了熟睡的人们。噩耗很快传来：祖国的优秀儿子，我国著名的力学家、应用数学家、空气动力学家、二机部九院副院长郭永怀院士，因飞机失事，不幸遇难，时年59岁。同年12月25日，中华人民共和国内务部（民政部的前身）授予他"烈士"称号。

失事现场，搜寻的人们惊愕地发现，在两具遗骸胸部之间有一个有点烧损的公文包。打开公文包后，一份试验数据完好呈现在大家面前。原来，就在飞机从400米高空坠落的这10秒之际，郭永怀做出了超乎人们想象的举动，他迅速将文件包抱在自己与警卫员之间，用血肉之躯保护了国家重要的绝密资料。

郭永怀，1909年4月4日生于山东荣成，24岁时，考入北京大学物理系。全面抗战爆发后，郭永怀辗转南下到达昆明西南联大继续学业。他目睹日军飞机轰炸下国破家亡的惨境，痛感中国航空工业的落后，认定学习航空技术是一条更为实际的救国之路，于是断然放弃了原来的光学专业，转入航空工程系学习流体力学，走上了科技救国之路。

　　1940 年 8 月，考取中英庚子赔款基金会第七届留学生的郭永怀与钱伟长、林家翘等一行 20 多人几经周折，到达加拿大的多伦多大学。此前一年，准备出国的他们临上船前，发现领到的护照竟是由日本政府签发的，怒火中烧，毅然放弃了那次机会。在多伦多大学，郭永怀夜以继日地刻苦学习，半年时间就取得硕士学位。随即他来到美国加州理工学院读博士，如愿拜在航空大师冯·卡门教授门下学习，并在此与钱学森、钱伟长相聚。

在加州理工学院读博士期间，郭永怀直接挑战世界级难题"声障"的研究。20世纪40年代，因为声障问题，发生了很多次机毁人亡的悲剧，那时人们认为，声障是无法逾越的。当时，加州理工学院航空系正处在全盛时期，人才荟萃，但谁都不敢沾这个难题，郭永怀恰恰选定了这个难题。当郭永怀向冯·卡门教授提出自己的想法时，这位热情的航空大师十分钦佩这个年轻人的胆略和勇气。

郭永怀和钱学森经过努力钻研，合作发表了震惊世界的重要数论论文，首次提出了"上临界马赫数"概念并得到了实验证实，为解决跨声速飞行问题奠定了坚实的理论基础。1949年，郭永怀探索开创了一种计算简便、实用性强的数学方法——奇异摄动理论，这就是后来由钱学森命名并获国际公认的 PLK 方法，其中的 K，就是郭永怀。两项重大成就，让郭永怀在美国声名鹊起，许多名校和企业都想聘请他，但都被他拒绝。郭永怀毅然选择了到动力学科研究水平居于世界领先地位的康奈尔大学任教。

　　在康奈尔大学执教期间，是郭永怀学术研究的黄金时期。在这里，他遇到了相伴一生的李佩。1948年秋天，郭永怀和李佩开始了宁静而幸福的生活。当时，郭永怀已被聘为康奈尔大学的终身教授，他们的住所是四层的花园别墅，出入有高档轿车，闲暇时骑马、坐游艇出海，生活富足而优雅。但是，郭永怀始终心系祖国，一刻也没有忘记他的航空救国之志，归国之心日益迫切。

　　此时若留在美国，郭永怀可以参加机密的科研项目，但他毅然放弃了这种机会，也放弃了康乃尔大学教授的优厚待遇，准备携妻执女返回祖国。同事、好友得知后纷纷挽留他："你在这里什么都有了，将来孩子在这里也能接受更好的教育，为什么还要回到那个贫穷落后的国家呢？"郭永怀坚定地说："家穷国贫，只能说明当儿子的无能！作为中国人，我有责任回到祖国。"

　　即将回国的郭永怀做了一件令人匪夷所思的事：在为他举行的欢送野餐会上，他当着全体同事和学生的面，将饱含十几年心血、几近成书的手稿，一页页地投入火炉之中。在场的人都惊呆了，妻子李佩看在眼里，痛在心里，但她明白，这是为了避免美国政府找麻烦。郭永怀冷静地安慰她：没关系，知识都在科学家的脑袋中，他们拿不走。人们在惊叹之余终于懂得，烧不掉的不仅是知识，还有植根在郭永怀头脑里的报国信念。

1956年11月，郭永怀携全家踏上了阔别16年的祖国土地。回国后，他受到了党和政府及科技界的热烈欢迎。周恩来总理亲自接见他和他的家人。当周总理问郭永怀有什么要求时，郭永怀只说了一句话："我想尽快投入工作！"

　　1956年底，中国科学院力学研究所成立，钱学森担任所长，郭永怀担任常务副所长。第二年，力学研究所和清华大学合办了工程力学研究班，郭永怀担任班主任和主讲人。在完成科研任务之外，郭永怀还要花费不少时间和精力培养研究生。在学生眼中，他知识渊博又平易近人，言语不多却极富哲理。他甘作铺路石，为新中国培养出一大批优秀的力学人才，很多人后来成为我国力学事业的中流砥柱，其中涌现出多位院士。

　　1958年，郭永怀与钱学森等负责筹建中国科学技术大学力学和力学工程系、化学物理系，他担任化学物理系首任系主任。这期间，郭永怀创办了《力学学报》和《力学译丛》。他与钱学森一起成为中国近代力学事业的奠基人。他太忙了，连走路都在思考工作，星期天和节假日也从不休息，经常是早出晚归，不在教室授课，就在实验室搞科研。他连听音乐的时间也没有，从美国带回来的两箱新唱片一直未拆封。他爱好的集邮、迷恋的摄影，也都完全顾不上了。他像一部上满了发条的时钟，仿佛有着无穷的精力。

　　早在 1955 年，党中央作出研制原子弹的战略决策。1958 年，负责核武器研制的第二机械工业部北京第九研究所正式成立，中国的"两弹"研制工作正式拉开帷幕。然而，1959 年 6 月，苏联单方面撕毁协定，随后撤走全部在华专家，给刚刚起步的中国核工业带来了意想不到的困难。紧要关头，党中央决定自力更生研制原子弹。郭永怀临危受命，与王淦昌、彭桓武形成了中国核武器研究最初的"三大支柱"。

　　郭永怀担任核武器研究所（九所）副所长，负责力学和工程方面的领导工作。他们的首要任务就是在一无图纸、二无资料的情况下，迅速掌握原子弹的构造原理。为了便于科技攻关，九所成立了四个尖端技术委员会，郭永怀领导场外试验委员会。他一方面为科研人员传授爆炸力学和弹头设计的基本理论，另一方面建立实验室，组织开展一系列技术攻关，致力于结构强度、振动和冲击等方面的研究。

　　1961 年 4 月，第 26 届世界乒乓球锦标赛在北京工人体育馆举行，中国科学院特地分给郭永怀两张票，让他和夫人李佩前去观看比赛。可是，他们仅看了半个小时就回家了。同事们知道了大为惋惜，问他原因，他说："我们看到乒乓球给国家争光是异常兴奋的，但我立刻想到原子弹会争更大的光，就再也坐不住了，赶紧回来继续想原子弹的问题，这样心里才踏实。"大家听了哈哈大笑，都说他心里揣着原子弹，已经着了迷了。

　　1963 年，为了加快研制步伐，九所决定将北京的科研队伍迁往青海的核武器研制基地，郭永怀领导的场外试验科研力量也随同前往。此后的几年，郭永怀便在北京的力学所与青海基地之间来回奔波。

　　青海基地地处海拔 3200 多米的高原，最低温度可达零下 40 摄氏度，气候恶劣。年过半百的郭永怀高原反应特别强烈，他全然不顾，在即将进入原子弹试验的紧张日子里，经常每日工作十几个小时，有时候甚至彻夜不眠。这位杰出科学家严谨的科学态度和作风，以及和蔼可亲的形象，给当时的科技人员留下了深刻印象。

　　1964 年 10 月 16 日，中国的第一颗原子弹爆炸成功！在欢呼的人群中，郭永怀流着眼泪，累得瘫软在地上。原子弹试爆成功后，郭永怀的使命并没有结束。1965 年 9 月，中国第一颗人造卫星研制工作重新启动，除参与氢弹和导弹研制的相关工作外，郭永怀又受命参与"东方红"卫星本体及返回卫星回地研究的组织领导工作。

　　在核弹武器化的研究中，郭永怀相继提出了一些具有独到见解的主张。1966 年 10 月 27 日，中国第一颗装有核弹头的地地导弹试验成功！在氢弹研究中，郭永怀也从结构形式、弹体重量、减速装置等方面提出了一些科学见解，保证了中国第一颗氢弹空爆试验的成功。1970 年 4 月 24 日，在郭永怀牺牲一年多后，他参与的中国第一颗人造卫星发射成功。

　　郭永怀一生简朴，一支钢笔从中学时代一直用到牺牲。在使用国家科研经费上，他非常注重节约，主张以国家需要为主导来开展科学研究。他回国后，将在国外用的资料、计算机、电器设备等全部毫无保留地交给国家使用。1962年，他光荣地加入了中国共产党，并把稿酬作为党费上交给国家。郭永怀以身许国、淡泊名利、披肝沥胆的奉献精神，深受人们的敬重。

　　郭永怀牺牲的噩耗传来，曾经的同事、朋友们悲痛不已。1985 年，邓稼先院长在纪念郭永怀的文章中写道：我国著名力学专家郭永怀同志为开创我院事业作出的贡献和他的学术成就永远铭记在我们心中，直至今日，我还深感他的逝世对我们事业造成的巨大损失，不可挽回。

郭永怀在中国原子弹、氢弹、卫星的研制中，领导和组织研究工作，解决了一系列重大问题，是唯一一位在中国核武器、导弹和卫星研制中均作出巨大贡献的科学家。新中国成立后，中国仅用十几年时间便掌握了原子弹和氢弹、人造卫星的制造技术。这些不可思议的奇迹之所以能实现，在于有一批像郭永怀这样的爱国科学家，在于他们报效祖国的奉献精神。祖国和人民不会忘记他们的功绩。1999年，中共中央、国务院、中央军委授予23名科技工作者"两弹一星"功勋奖章，郭永怀以烈士身份被追授此勋章。

郭永怀曾说:"我只是新中国一个普通的科技工作者,我希望自己的祖国早一天强大起来,永远不再受人欺侮。"这颗当年夺目的科技之星不幸过早陨落,他的功绩和优秀品格却使人永怀。1988年,中国科学院力学所在主楼前的一片安静的小院里,树起了一座洁白如玉的郭永怀塑像,他那坚毅的眼神和安详的神态总给人以无穷的力量。塑像下,安放着他和警卫员牟方东的骨灰。

　　郭永怀的夫人李佩被誉为"中国应用语言学之母"，她创立了应用语言学专业，做出了开拓性工作，多年来培养了一大批优秀人才。郭永怀生前一直与家人聚少离多，夫人李佩一直默默支持丈夫工作。在中国科学技术大学45周年校庆之际，李佩将郭永怀荣获的"两弹一星"功勋奖章捐赠给这所大学。2008年，她又将毕生的积蓄60万元，分别捐献给中国科学技术大学和中国科学院力学研究所设立郭永怀奖学金。

　　2017年1月5日，郭永怀夫人李佩逝世。按李佩遗愿，力学研究所在2017年清明节将二人的骨灰合葬在郭永怀的塑像下。自此，这对伉俪在阔别近半个世纪后又走到一起，相伴长眠于此。2018年7月，国际小行星中心正式向国际社会发布公告，编号为212796号的小行星被永久命名为"郭永怀星"，编号为212797号的小行星被永久命名为"李佩星"。这对伉俪之星将永远闪耀在茫茫天际，关注着祖国日新月异的变化。

后 记

在中国共产党领导中国人民从站起来、富起来到强起来的伟大飞跃中，"两弹一星"的成功研制，无疑是其中一个光彩夺目的篇章。中国核武器事业对中国的发展和安全具有重大而深远的意义，其发展历程，就是一部中国人民振兴中华的爱国主义史，一部中国人民自立自强的英勇奋斗史。

在这一艰辛的秘密征程中，有数不尽的业绩、道不尽的情怀、唱不尽的英雄；在这一伟大征程中形成的伟大精神，是中国人民在 20 世纪为中华民族创造的宝贵精神财富。

中国"两弹一星"的突破，是协同攻关的结果，有成千上万的人参与到这一事业中，他们作出了不可磨灭的巨大贡献，祖国不会忘记，人民不会忘记，历史不会忘记！

为宣传和弘扬"两弹一星"精神，我们编印了《国魂——"两弹一星"功勋人物的故事》。作品选取了参与这一事业的 4 位科学巨匠作为主要人物，通过他们的事迹来反映老一辈科学家为国奋斗的情怀和精神。

由于受篇幅、时间、资料、保密要求和主创人员认知能力等多种原因的局限，要全面反映 4 位科学家的人生经历、杰出贡献、崇高精神，必然还存在着诸多不完善的地方。不足之处，敬请读者批评指正。

在时间有限、资料有限的条件之下，参与创作的同志们怀着一种强烈的责任感和深深的敬意，克服困难，全力以赴，把本书当作一项事业去完成。各方面对本书成型给予了热情关心和帮助：著名画家李晨先生亲自绘画，军工文化专家韩长林组织了文稿编写，中国工程物理研究院党委宣传部组织对本书进行了认真修改和审查，绵阳市图书馆、四川鑫义堂文化传播有限公司做了大量协调保障工作，我们在此一并致谢！

2022 年 8 月

图书在版编目（CIP）数据

国魂："两弹一星"功勋人物的故事 / 韩长林编著；
李晨绘图 . -- 北京：五洲传播出版社，2022.8
ISBN 978-7-5085-4856-2

Ⅰ . ①国… Ⅱ . ①韩… ②李… Ⅲ . ①科学家—生平事迹—中国—现代
Ⅳ . ① K826.16

中国版本图书馆 CIP 数据核字 (2022) 第 147405 号

国 魂 ——"两弹一星"功勋人物的故事

责任编辑：黄金敏
图书策划：常武显
出版发行：五洲传播出版社
地　　址：北京市海淀区北三环中路 31 号生产力大楼 B 座 6 层
邮　　编：100088
发行电话：010-82005927　010-82007837
网　　址：http://www.cicc.org.cn　http://www.thatsbooks.com
策　　划：四川鑫义堂文化传播有限公司
撰　　文：韩长林　郑　慧
绘　　画：李　晨　索　焱　王　娓
供　　稿：中国工程物理研究院宣传部
设计制作：北京嘉悦信包装有限公司
印　　刷：北京市房山腾龙印刷厂
版　　次：2022 年 9 月第 1 版第 1 次印刷
开　　本：185 mm × 260 mm 1/16
印　　张：6.25
定　　价：38.00 元